AF393845

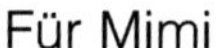

Für Mimi

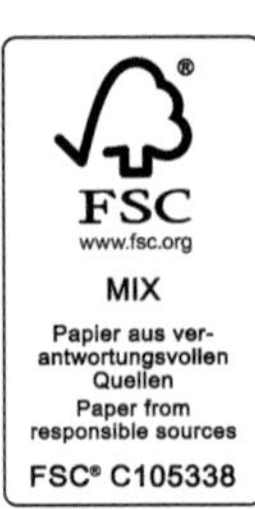


Hinweis der Autorin:
Dieses Büchlein wurde nach
Schweizerdeutscher Rechtschreibung lektoriert,
daher findest du z.B. kein Eszett.
;-)

2. korrigierte Auflage
© 2020 Stroh, Kerstin
Herstellung und Verlag: BoD – Books on Demand, Norderstedt
ISBN: 9783752898347

# Als das Ich seine Farben wieder fand

Eine Mutmach-Geschichte
für grosse und kleine Menschen.

**Das ist das Ich.**
Leider so farblos und irgendwie traurig.

Das **Ich** hatte seine schönen Farben Stück für Stück
verloren auf seinem Weg ans Ziel.

Dunkel wurde es mit jeder Farbe, die verschwand,
und das **Ich** hatte doch solche Angst vor der Dunkelheit.
Alles wirkte im Dunkeln so bedrohlich und machte
dem **Ich** furchtbares Herzklopfen. Jedes Geräusch
konnte etwas Schlimmes bedeuten, jeder Schatten
ein Unglück ankündigen.

Und so sass das **Ich** da und sorgte sich den ganzen
Tag, die ganze Nacht. Bis nicht mehr viel übrig blieb
vom prachtvollen **Ich**, dass es einmal war.

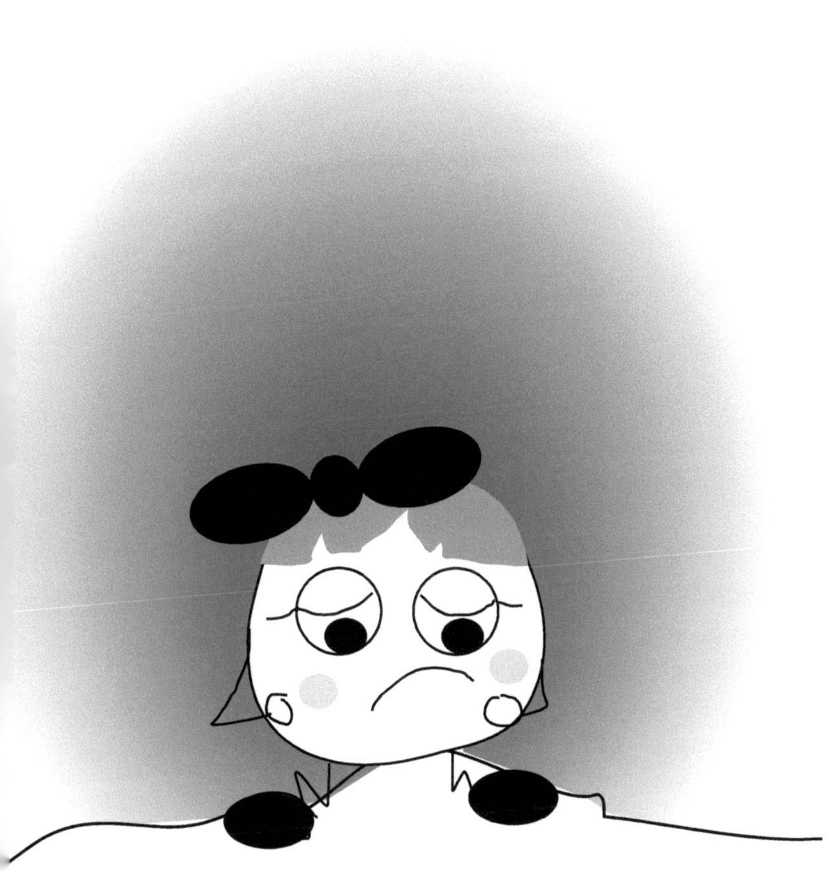

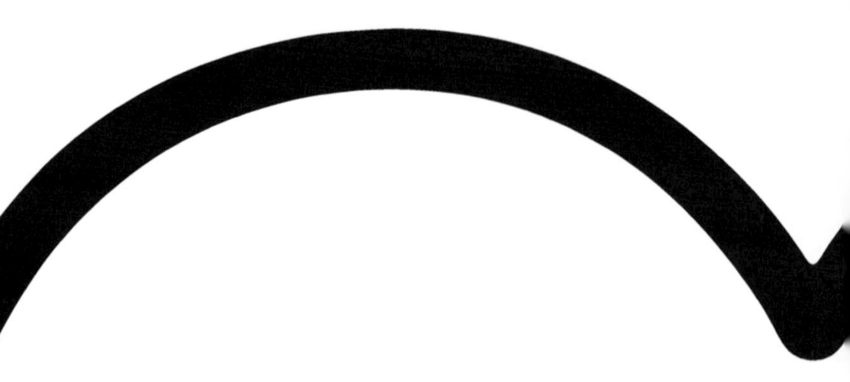

Doch eines Tages wachte das **Ich** auf und die Welt sah irgendwie anders aus. Als ob ein Schleier von ihm gefallen wäre. Mehr noch, als ob es vorher nie wirklich aus seinem Schlaf erwacht wäre.

Ein Lichtlein leuchtete im Herzen des **Ich**s, ein kaum erkennbarer Schimmer. Aber dieser Schimmer liess das **Ich** dermassen staunen, dass es einen Entschluss fasste: «Heute werde ich meine Farben wiederfinden! Und mein Licht soll wieder hell strahlen, heller als je zuvor!»

Und so zog das **Ich** aus, seine Farben und sein Licht wieder zu finden.

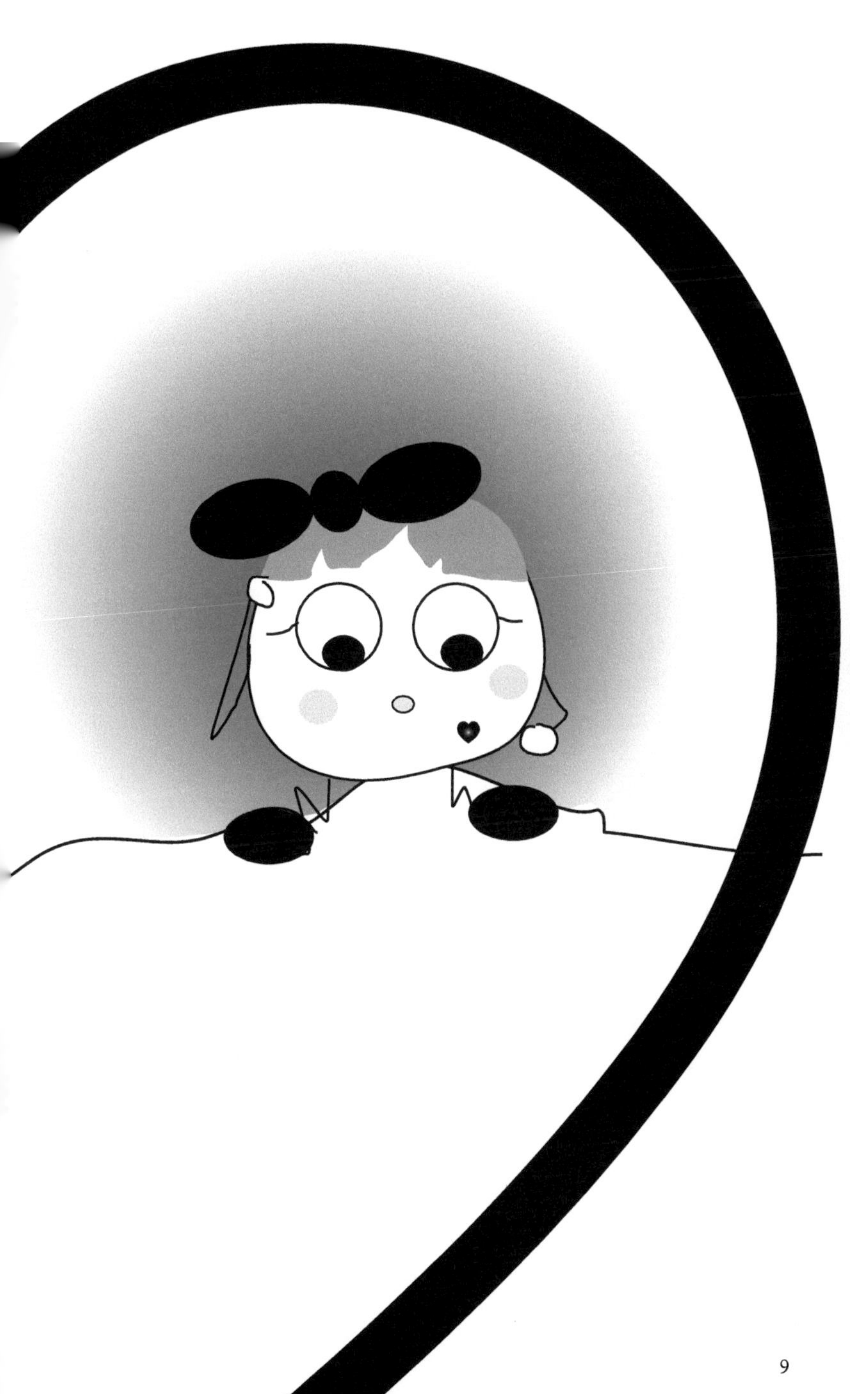

Doch wo sollte das **Ich** suchen? Es dachte nach und glaubte, sich zu erinnern, wann es sein Rot verloren hatte. Es war an dem Tag, als es sich mit dem **Du** gestritten und ihm damit furchtbar weh getan hatte. Eigentlich wollte das **Ich** nicht gemein sein zum **Du**, aber es gibt solche Tage, da will man einfach das letzte Wort haben… und das letzte Wort des **Ich**s war so mächtig und so hart, dass es das Rot mit sich nahm. Mit dem Rot ging auch die Freundschaft des **Du**s davon.

Das **Ich** machte sich also auf, das **Du** zu suchen, wenn auch mit einem mulmigen Gefühl. Es kannte den Lieblingsort des **Du**s, an dem sie sich viele Male getroffen hatten, als es noch bunte Tage gegeben hatte.

Auf einem Hügel hoch überm Tal sass das **Du** auf
einem Stein und dachte über wichtige Dinge nach.
Das machte das **Du** immer, es hatte einen so grossen
Kopf voller wichtiger Dinge, dass es nie aufhörte
nachzudenken. Leise trat das **Ich** neben das **Du**
und blickte auf die glühenden Berglandschaften.
Eine Morgenröte, wie man sie sonst nur auf kitschigen
Postkarten sieht, breitete sich vor ihnen aus.

Das **Ich** sagte dem **Du**, dass sein Herz sehr schwer
geworden sei seit dem bösen Streit und diesem
letzten harten Wort, das ihre Freundschaft und das
Rot mit sich genommen hatte. Dass es ihm sehr leid
tue und ihre Freundschaft ihm sehr fehle.

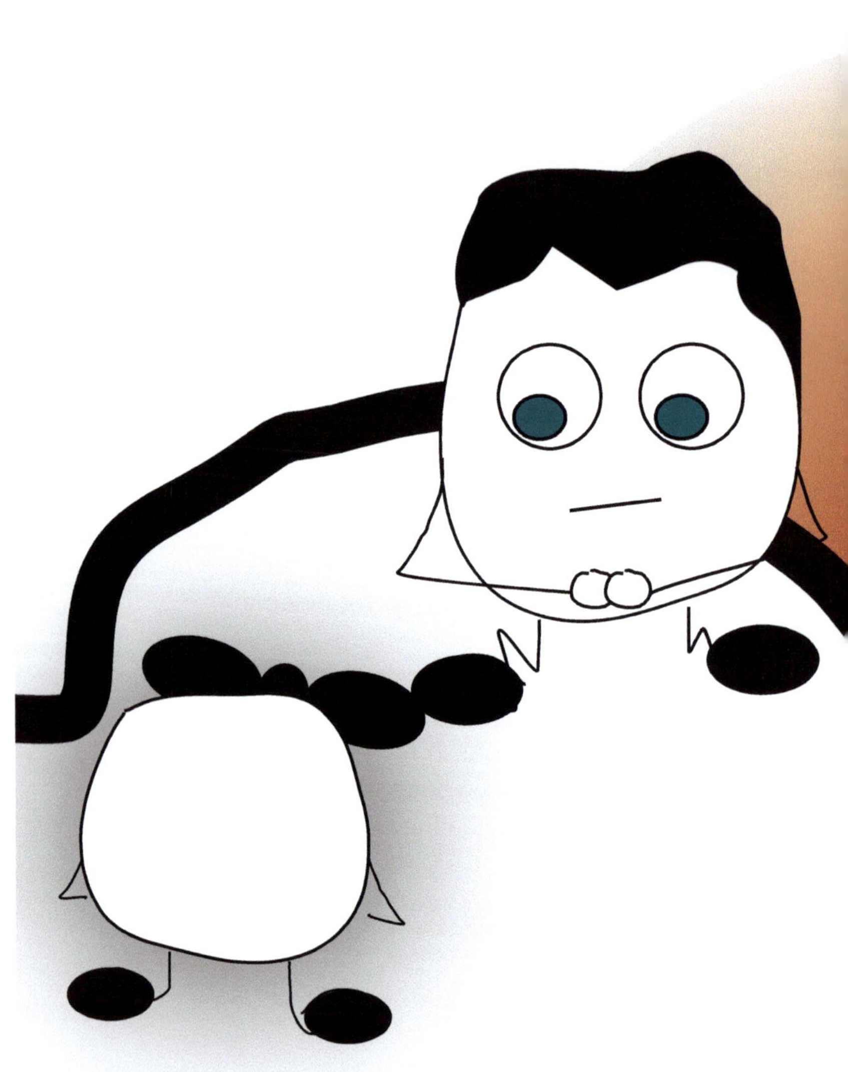

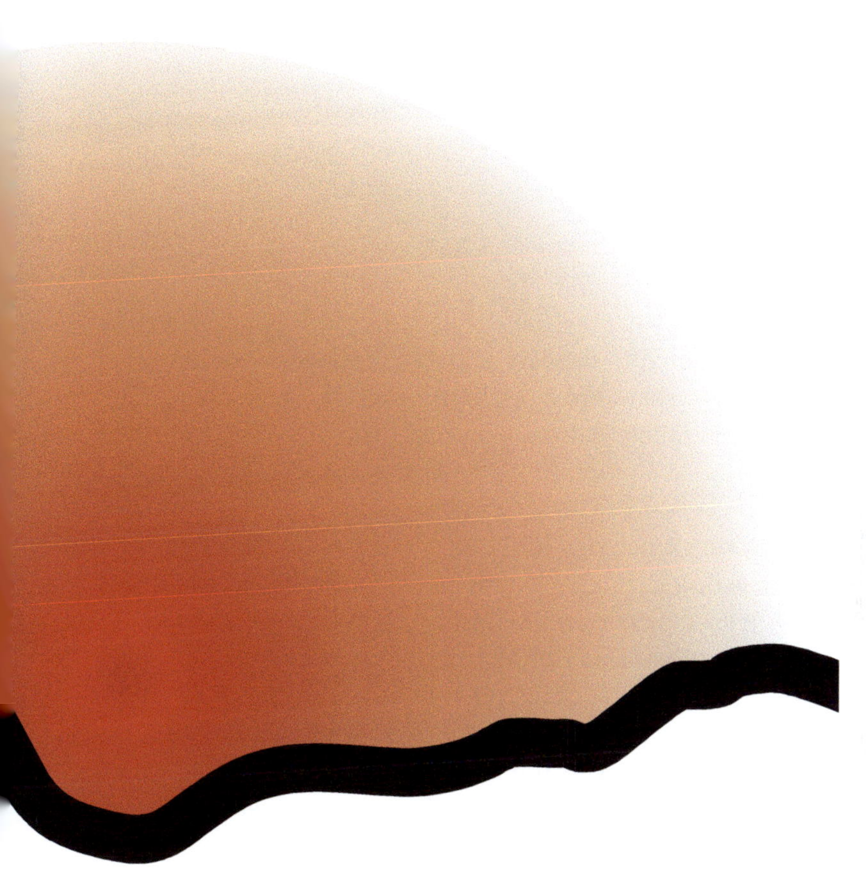

Das **Du** schaute das **Ich** lange an und nahm es dann einfach in seine Arme. «Ich verzeihe dir. Auch ich habe ein Stück Farbe verloren am Tag, als unsere Freundschaft ging.»

Und erst da sah das **Ich**: Das **Du** hatte sein Rot ebenfalls verloren. Beiden wurde ganz warm ums Herz und sie liessen sich in den Lichtstrahlen der aufgehenden Sonne baden. Das Rot war wieder da, noch schöner als zuvor. Lange sassen die beiden glücklich auf dem Hügel und erzählten sich Geschichten über ihre farblosen Tage. Das **Ich** und das **Du** wussten, dass das Rot für immer Teil ihres Lebens bleiben würde. Schliesslich zog das **Ich** voller Zuversicht und mit ein wenig mehr Licht im Herzen los, um auch die anderen Farben wieder zu finden.

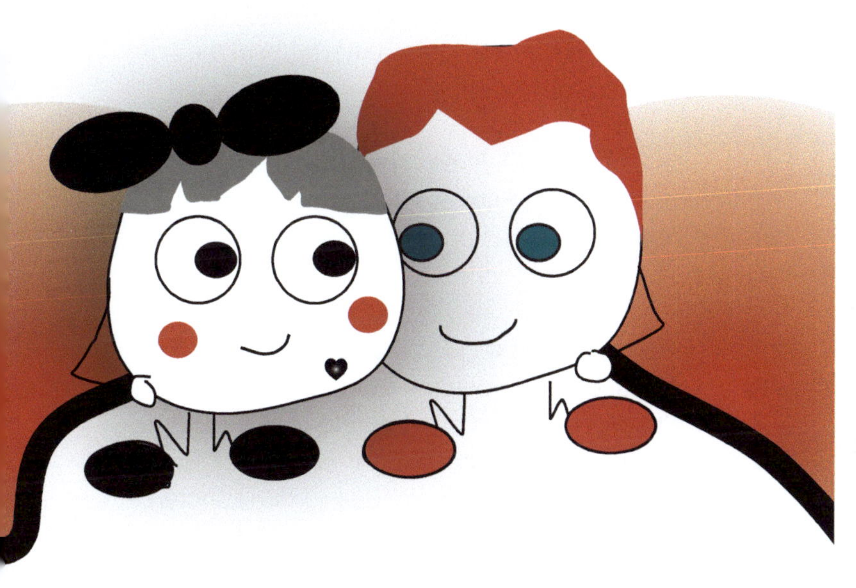

Wann das **Ich** sein Blau verloren hatte, wusste es,
als sei es gestern gewesen.

Es war letzten Sommer, als es ohne das **Du** so kalt
und frostig wurde. Da hatte das **Ich** seinen Mut am
See verloren. Also bog es nun mit flauem Magen auf
den kleinen Pfad zum See ein.

Dort angekommen, hockte sich das **Ich** ans Ufer und
liess seine Füsse überm Wasser baumeln. In den
bunten Zeiten verbrachten das **Ich** und das **Du** viel
Zeit an diesem See. Sie hatten sogar ein kleines Boot,
mit dem Sie auf die Insel mitten im See rudern konnten,
und liebten es, dort zu schwimmen.

Doch nachdem das **Du** nicht mehr an seiner Seite
war, hatte das **Ich** keinen Mut mehr den See zu über-
queren. Das war ein Ding, das mit dem **Du** so viel
Freude gemacht hatte, doch alleine wollte der Mut
nicht mehr mitspielen.

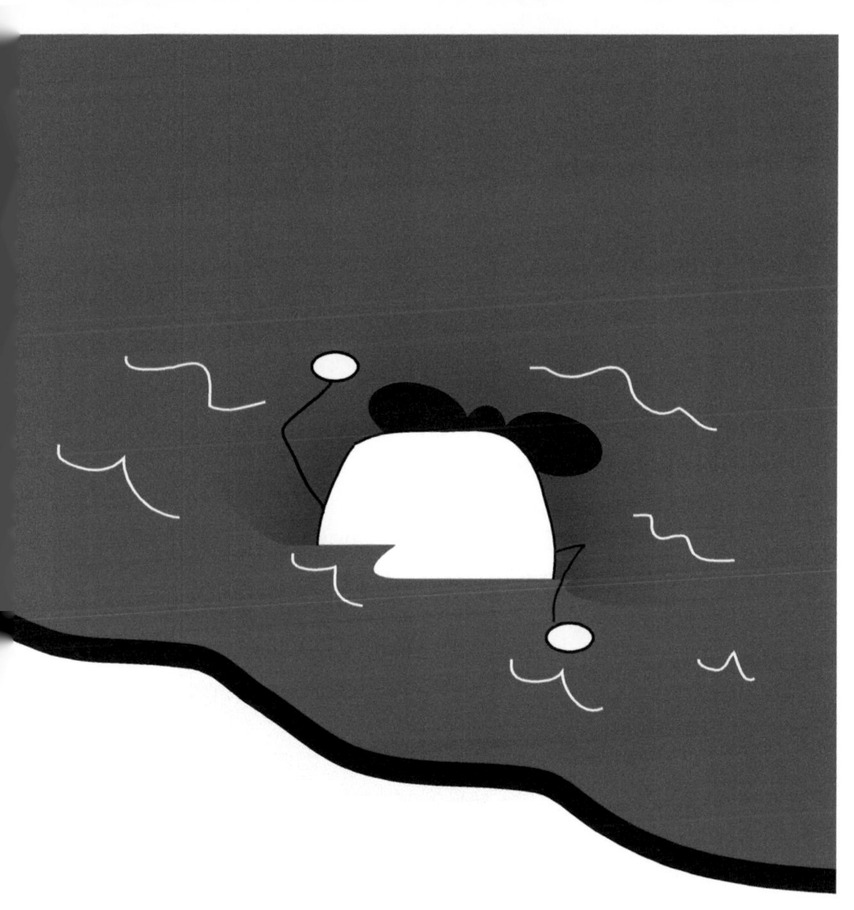

Der Mut war auf den Grund
des Sees gesunken, genauso
wie das Blau.

Das **Ich** war entschlossen, seinen Mut und sein Blau
wieder zu finden, und wagte sich ins kühle Nass.
Ganz behutsam, erst nur mit den Zehen, dann bis zu
den Knien und zuletzt glitt das **Ich** ganz ins Wasser
und schwamm in Richtung Insel. Als es etwa in der
Mitte des Sees angekommen war, wurde das **Ich** von
einer grossen Angst überfallen. Es könnte vergessen,
wie man schwimmt. Oder seine Kraft verlieren und
das andere Ufer nicht erreichen.

Doch alles ging gut. Das **Ich** kam sicher auf der Insel
an und dort wartete bereits das Blau. Sie wurden
wieder eins. Und mit dem Blau, kam auch der Mut zu-
rück und ein wenig mehr Licht im Herzen des **Ich**s.

Das **Ich** war sehr stolz auf sich und fühlte sich so
stark wie lange nicht mehr. Zufrieden legte es sich ins
weiche Gras und beobachtete die vorbeiziehenden
Wolken.

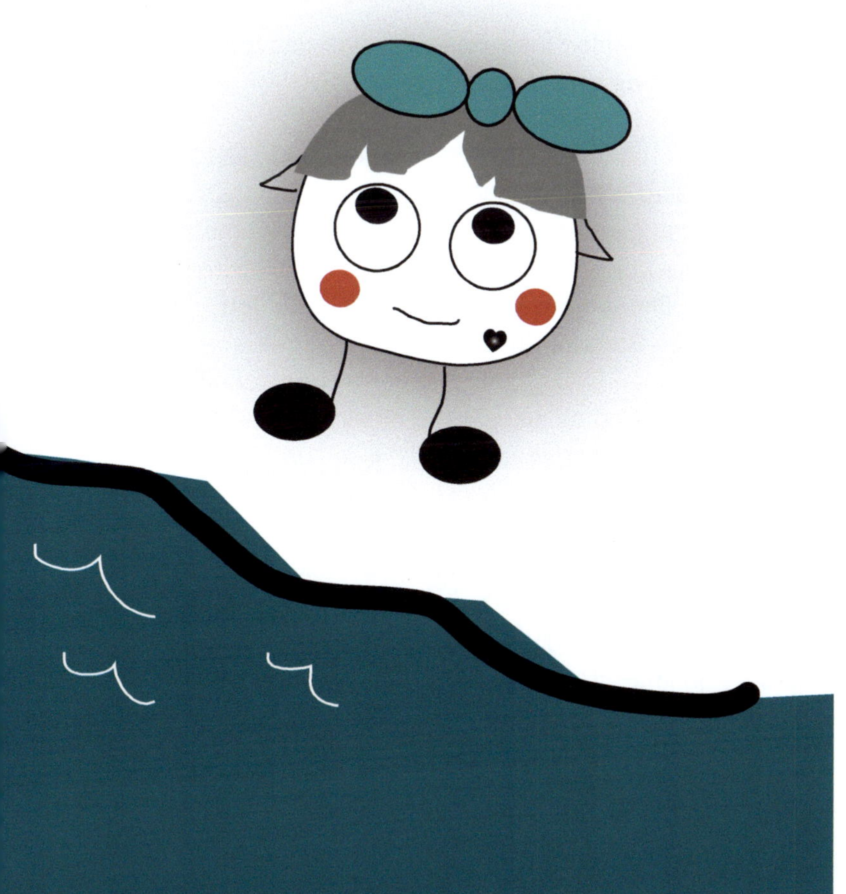

Dort auf der kleinen Insel erinnerte sich das **Ich** an den Tag, als es sein Gelb verloren hatte.

Genau hier hatte sich das **Ich**, nachdem das Rot und das Blau schon eine Weile fort gewesen waren, eine Auszeit geschenkt. Es lag in einer Hängematte und dachte über das Leben nach, als Gewitterwolken aufzogen. Der Wind wurde heftiger und das **Ich** machte sich Sorgen, dass sein Boot weggetrieben werden könnte. Da kam ein **Die** vorbei und schnitt das Tau des Bootes los, sprang hinein und paddelte davon. Das **Ich** war wütend und hilflos zugleich. Warum hatte das **Die** so was nur getan?

Als das **Ich** an diesem Tag nach Hause kam, war sein Gelb verschwunden und das Licht in seinem Herzen ganz schwach. Es fühlte sich richtig krank und blieb drei Tage im Bett, um ja keinem **Die** zu begegnen.

Ein Geräusch riss das **Ich** aus seinen Gedanken und plötzlich stand das **Die** aus dieser unschönen Erinnerung vor dem **Ich** und schaute es verlegen an.

Das **Ich** überlegte noch, ob es nun schnell wegrennen sollte oder angreifen und dem **Die** mal so richtig laut die Meinung zu sagen, bis die Ohren halb taub wären. Doch da sagte das **Die** mit ganz leiser Stimme: «Bitte verzeih mir. Ich wollte dir dein Boot damals nicht stehlen. Es war dumm von mir, eine Mutprobe, um den anderen **Die**s zu imponieren. Ich habe gehört, wie sehr dich mein Scherz mitgenommen hat und wie sehr du dein Gelb seither vermisst. Bitte nimm meine Entschuldigung an. Dein Boot liegt am Steg dort drüben. Ich habe gut drauf aufgepasst, aber mich nicht getraut, dir gegenüberzutreten.»

Das **Ich** war sehr erstaunt. Damit hatte es wirklich
nicht gerechnet. Das **Ich** erinnerte sich an das
wunderbare Gefühl, als das **Du** ihm vergeben hatte.
Und so umarmte das **Ich** das **Die** und beide leuchteten im gelben Licht und ihre Herzen wurden ein Stückchen grösser und das Licht darin ein bisschen heller.

Nun hatte das **Ich** also seine Farben wieder gefunden.
Doch das Licht in seinem Herzen war noch immer
schwach. Und dann erinnerte sich das **Ich** an den
Tag, als es dunkel geworden war in seinem Herz.

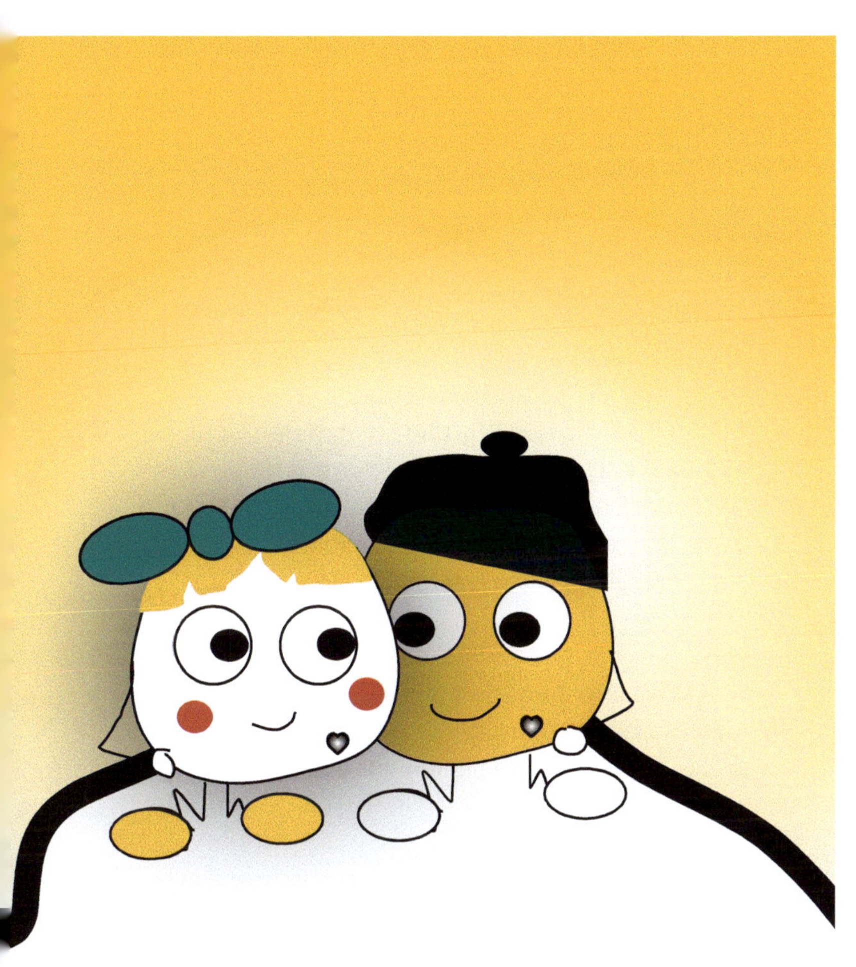

Es war der Tag, als das **Wir** und mit ihm das Licht gegangen war. Das **Wir** war das Allergrösste für das **Ich** gewesen. Das **Ich** und das **Wir** hatten viele schöne Momente erlebt und alles, was sie miteinander teilten, bereitete die allergrösste Freude.

Freude... das war das Gefühl, das mit dem Licht und mit dem **Wir** verloren gegangen war. Nachdem das Rot, das Blau und auch das Gelb gegangen waren, wollte das **Ich** viele Tage nicht mehr aus seinem Bett herauskommen.

Das **Wir** versuchte vieles, um das **Ich** aus dem Bett zu locken: Es brachte dem **Ich** seine Lieblingsblumen, kochte sein Lieblingsessen, schaute mit dem **Ich** seine Lieblingsfilme an und liess sich viele Male wegschicken, weil das **Ich** einfach niemanden sehen wollte.

Eines Tages kam das **Wir** nicht mehr ans Bett des
**Ich**s. Das **Wir** hatte aufgegeben und war traurig, weil
das **Ich** sich einfach nicht mehr zeigen wollte.

Das **Ich** erkannte erst jetzt, als es das Rot, das Blau
und das Gelb wieder gefunden hatte, dass das **Wir**
sicher sehr hatte leiden müssen. All die vielen Male,
die das **Ich** nicht reagiert hatte auf das **Wir** und es
wegschickte.

Das **Ich** nahm seinen ganzen Mut zusammen, den es
mit den Farben wieder in sich spürte, marschierte los
und suchte das **Wir**. Es war leicht zu finden, sass es
doch am liebsten auf der Lichtung im Wald und hörte
dem Vogelgezwitscher zu.

Das **Ich** trat heran und sagte dem **Wir**, wie sehr es
das **Wir** vermisst hatte. Und das **Wir** sagte dem
**Ich**, wie sehr es das **Ich** vermisst hatte. Und beide
mussten laut lachen, als sie sich an die vielen
schönen Geschichten von früher erinnerten. Und
sie beschlossen, ein grosses Fest zu veranstalten,
ein Fest voller Farben und Licht ... Denn sobald das
**Ich** und das **Wir** zusammen lachten, strahlte das
Licht heller als jemals zuvor aus ihren Herzen.

Sie feierten sieben Tage und sieben Nächte und es
war das bunteste und fröhlichste Fest, das jemals
gefeiert wurde. Und seit diesem Tag strahlten alle
Farben des Regenbogens am Himmel und verblassten
niemals wieder.

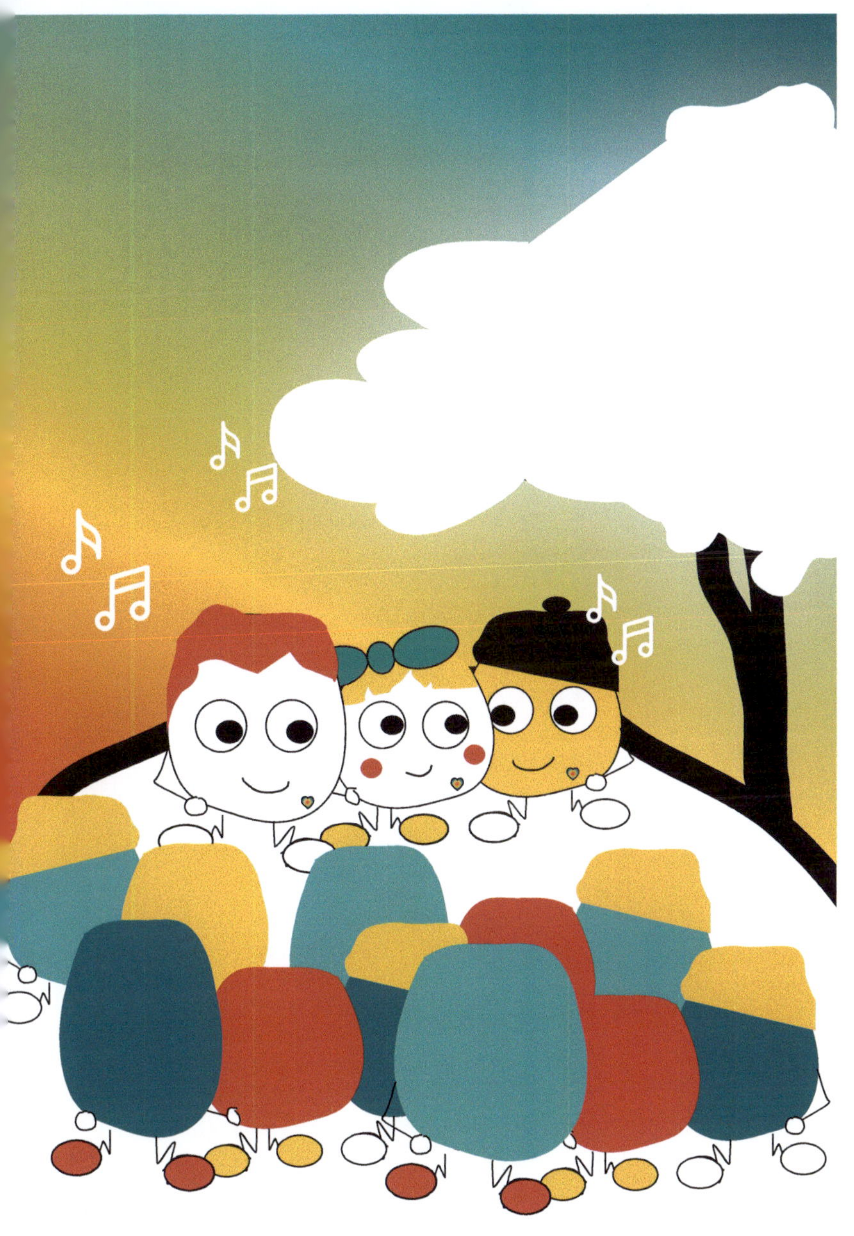